Georges **SOREL**

GEORGES SOREL

(1847-1922

ÉTUDES SUR LE DEVENIR SOCIAL

XXII

Gaétan PIROU

PROFESSEUR A LA FACULTÉ DE DROIT DE BORDEAUX
CHARGÉ DE COURS A LA FACULTÉ DE DROIT DE PARIS

GEORGES SOREL

(1847-1922)

PARIS

LIBRAIRIE DES SCIENCES POLITIQUES ET SOCIALES
MARCEL RIVIÈRE, ÉDITEUR
31, rue Jacob et 1, rue Saint-Benoît

1927

GEORGES SOREL

(1847-1922)

Tenter d'exposer en quelques pages les idées de
Georges Sorel est une entreprise singulièrement
téméraire. Georges Sorel a beaucoup écrit : une
quinzaine de volumes, dont quelques-uns très
copieux; d'innombrables articles et comptes rendus bibliographiques parus dans des revues fran-
çaises et italiennes, et où sont présentées, d'une
manière souvent elliptique, toujours fragmentaire,
les opinions les plus diverses sur les sujets les
plus variés, le tout émaillé de boutades et complété
de notes qu'égaient des potins d'une authenticité
parfois très douteuse. Nulle part Georges Sorel n'a
daigné donner un exposé coordonné et synthé-
tique de ses doctrines, pas même dans le plus
réussi de ses livres, ces fameuses *Réflexions sur
la violence* qui révélèrent son nom au grand
public. Il semble qu'au contraire il ait tenu à ne
livrer ses idées que par bribes et sous une forme
volontairement dispersée et opaque : Georges
Sorel professait cette théorie qu'il importe moins
d'apporter au lecteur une vérité limpide que de
l'inciter à penser par lui-même. A cet égard, l'obs-

curité lui paraissait plutôt une qualité, et il notait, non sans ironie, que les auteurs les plus obscurs sont parfois ceux que l'on croit les plus profonds (1). Au reste, sa méthode de travail très particulière devait nécessairement l'amener à ne s'exprimer que d'une manière indirecte et oblique: presque toute son œuvre se compose de commentaires, de préfaces, d'analyses — qui n'ont souvent à la vérité qu'un rapport assez lointain avec l'œuvre qui leur sert de point de départ — qui cependant sont incompréhensibles si on les en détache complètement; en sorte que, pour bien comprendre Sorel, ce n'est pas lui seulement qu'il faut lire, mais aussi tous ceux qu'il a médités et qui ont déclenché le déroulement de ses réflexions.

Si de la forme nous passons au fond, nous sommes au premier abord déconcertés par les contradictions brutales de ses attitudes successives. Jetons un coup d'œil sur les étapes principales qui jalonnent sa vie d'écrivain, à partir du moment où il s'intéresse aux questions sociales. Nous le trouvons vers 1898 socialiste, défenseur de Dreyfus, admirateur de Jaurès. Dix ans après, il est devenu le plus farouche adversaire du socialisme politique et le théoricien intransigeant du syndicalisme révolutionnaire. En 1912, il sympa-

____

(1) *Matériaux*, p. 21 en note; *Réflexions*, p. 217.

thise avec les doctrinaires du traditionalisme, et sa signature voisine avec celle de protagonistes avérés des idées conservatrices et nationalistes. Au lendemain de la guerre enfin, c'est au premier rang des défenseurs du bolchevisme qu'il se place; c'est à Lénine que vont ses préférences et ses vœux. Et quand il meurt, en 1922, on peut voir — spectacle paradoxal et sans doute unique — M. Georges Valois, dans l'*Action Française*, et M. Robert Louzon, dans la *Vie Ouvrière*, saluer sa figure avec une égale sympathie respectueuse.

Mais, déjà, cette commune admiration de deux interprètes des doctrines sociales les plus originales du temps présent nous donne à penser qu'il y a chez Georges Sorel autre chose qu'un chaos d'idées confuses et contradictoires. Et puisque sa sincérité et son désintéressement n'ont été contestés par personne, que donc ses évolutions, si étranges qu'elles puissent à première vue paraître, ne sont que les tâtonnements d'un homme qui cherche en toute bonne foi sa voie, peut-être n'est-il pas impossible de trouver dans l'œuvre de Georges Sorel, une unité véritable, sinon de doctrine, au moins de tempérament et de sentiment. Une fois découvertes les dominantes générales de son activité intellectuelle, il nous sera sans doute plus aisé de nous rendre compte des raisons qui l'ont amené à s'orienter tout à tour dans des directions si différentes et nous comprendrons pourquoi, en définitive, aucune ne lui a donné pleinement satisfaction.

En procédant ainsi, nous appliquerons à Georges Sorel une méthode qu'il n'eût certes pas appliquée à autrui ni admise pour lui-même: il l'eût trouvée trop logique, trop déterministe, trop intellectualiste. Mais si cette méthode se révèle, à l'usage, éclairante et explicative, le fait qu'il l'eût personnellement répudiée ne saurait suffire à nous en interdire l'emploi.

I

Ancien élève de l'Ecole Polytechnique, Ingénieur des Ponts et Chaussées pendant 25 ans, Georges Sorel ne commence à écrire sur les problèmes sociaux qu'après la quarantaine. Désireux de s'y consacrer entièrement, il démissionne de ses fonctions en 1892 (1). Mais il ne se débarrasse pas pour autant de sa formation professionnelle, et sur son œuvre philosophique et sociologique se marque l'empreinte d'une très forte culture scientifique et technique. Sorel — c'est le premier trait

---

(1) Il paraît qu'il se mit lui-même en disponibilité, au grand scandale des bureaux. Cf. la notice nécrologique consacrée à G. Sorel par la *Revue de métaphysique et de morale,* supplément au numéro d'octobre-décembre 1922, pp. 1-2.

dominant de sa pensée — est un technicien (1).
Sous les constructions idéologiques, il aime re-
trouver, non parfois sans quelque artifice, le sou-
bassement technologique qu'elles recouvrent. Pour
lui, les Grecs ont eu l'esprit géométrique parce
qu'ils ont travaillé les corps durs, et certains pas-
sages obscurs du *Timée* s'expliquent si l'on y voit
des conceptions de tailleurs d'émaux (2). De
même, les théories du *Contrat social* se rattachent
à l'état économique de Genève au temps où écrit
J.-J. Rousseau : Genève est une république de
petits artisans, et c'est l'artisan, libre de se
déplacer, indépendant de ses voisins — au contraire du laboureur lié à son champ — qui fournit
l'image du citoyen abstrait, de l'atome social cher
aux idéologies du xviii° siècle (3). Déjà, par ces
quelques exemples Georges Sorel nous apparaît
tout proche du matérialisme historique. De fait,
sa *Ruine du monde antique* porte en sous-titre
« Conception matérialiste de l'histoire », et ses

---

(1) MALETSKY, « Georges Sorel », *L'Internationale Communiste*, mars 1923, pp. 103-104 ; Gilbert MAIRE, « La philosophie de Georges Sorel », *Cahiers du Cercle Proudhon*,
mars-avril 1912, pp. 163-164.

(2) G. SERBOS, *Une philosophie de la production: le néo-
marxisme syndicaliste*, p. 85. Cf. l'article de G. Sorel sur
« Les origines technologiques des mathématiques », dans la
Revue de métaphysique et de morale, 1900.

(3) *Illusions du Progrès*, p. 98.

Illusions du Progrès s'inspirent de la même méthode.

Son interprétation de la vie économique et sociale actuelle est, elle aussi, à certains égards, une vision d'ingénieur. Parlant de la concentration industrielle, Sorel s'étonne qu'on l'étudie d'ordinaire à l'aide des seules statistiques, sans approfondir ses aspects techniques, et il nous donne à cette occasion, sur les relations entre la machine et le travailleur, des observations précieuses que seul un spécialiste était en mesure d'apporter (1). Il s'irrite de ce que l'on se préoccupe si peu de l'organisation technique des entreprises industrielles, alors qu'on écrit des volumes sur l'organisation commerciale. Cela lui paraît une erreur d'optique car, à son avis, le côté commercial n'est qu'une partie superficielle et secondaire de la vie de l'entreprise : c'est le chef d'atelier — voire le vieil ouvrier — qui est le véritable pilier de l'usine. Et, reprenant, en la transposant, la parabole de Saint-Simon, Sorel affirme « qu'on pourrait expulser tous les administrateurs de nos chemins de fer, de Saint-Gobain ou des mines de charbon, sans que le prix de revient des marchandises fût augmenté d'un centime » (2).

------

(1) *Illusions du Progrès,* pp. 278 et suiv.
(2) *Illusions,* pp. 358, 359.

Très au fait des détails de la technique, Sorel en suit l'évolution avec une curiosité attentive et il se garde de mettre en doute le progrès qui, sur ce terrain, s'accomplit. Quand il dénonce, dans un de ses livres les plus curieux, les illusions du progrès, c'est sous cette réserve qu'il y a un domaine où se constate un progrès réel : celui de la technique de la production (1). Et quand, élargissant son champ d'attaque, il s'en prend à la superstition de la science, il maintient, contre les pragmatistes et les nominalistes, que la science reste inattaquable si elle se cantonne sur le terrain qui lui appartient en propre. Ainsi que l'a remarqué M. Georges Guy Grand (2), sa position est ainsi très différente de celle des disciples extrêmes de Bergson, tels que M. Edouard Le Roy, ou des philosophes comme Boutroux, auxquels il reproche de chercher à ruiner l'autorité de la science alors que sa fécondité est prouvée par les succès de la technique industrielle.

II

Plus encore qu'un philosophe de la technique, Georges Sorel est un moraliste, âpre et sévère.

----

(1) *Illusions,* pp. 276, 277.
(2) « Georges Sorel et les problèmes contemporains », *Grande Revue,* décembre 1922, p. 297.

Elevé par une mère très pieuse, il passe toute sa
jeunesse en Normandie : au Collège de Cherbourg
pendant l'année scolaire; à Touques, pendant les
vacances, où il se rencontre chez sa grand'mère
avec ses frères et son cousin germain, l'historien
Albert Sorel (1). Le fonds de pratique morale
qu'avait déposé en lui la vie de province, son mariage le consolida. « La femme, a-t-il dit, est la
grande éducatrice du genre humain ; l'amour
transforme l'homme et discipline ses sentiments;
c'est la femme qui nous moralise » (2). On peut
penser que c'était là l'expression d'un fait d'expérience personnelle, car Georges Sorel a rendu à
plusieurs reprises à la mémoire de sa femme un
émouvant hommage. Dans une note biographique
précieuse, reproduite dans la brochure qu'a consacrée à Georges Sorel M. Lanzillo (3), Sorel rappelle que deux de ses livres (les *Saggi di Critica*
et les *Réflexions sur la violence*) lui sont dédiés;

---

(1) Cf. Albert-Emile Sorel, « Souvenirs de Georges
Sorel », *Echo de Paris*, 8 sptembre 1922.

(2) « L'Ethique du Socialisme », Conférence faite par
G. Sorel au Collège libre des Sciences sociales, le 20 février
1899, et reproduite dans le volume collectif *Morale Sociale*,
Paris, Alcan. Le passage cité au texte est en note à la
page 150.

(3) Cette note, retraduite de l'italien en français, est reproduite par M. R. Johannet, dans son livre *Itinéraires d'Intellectuels*, pp. 227-229.

il explique que c'est en pensant à sa femme qu'il avait écrit en 1907, dans un article du *Mouvement socialiste* (1): « Heureux l'homme qui a rencontré la femme dévouée, énergique et fière de son amour, qui saura toujours lui rendre présente sa jeunesse, qui empêchera son âme de plier et saura lui rappeler à tous moments les devoirs de sa condition et peut-être lui révéler son génie ». Sorel ajoute que sa femme a été pour lui « une vraie compagne toujours pleine de courage et d'honneur », que son souvenir le soutient aux heures de découragement, et qu'il travaille « pour élever un monument philosophique digne de sa mémoire ». Ajoutons qu'après la mort de sa femme, survenue en 1897, Sorel se retira à Boulogne-sur-Seine et y mena jusqu'à la fin de la vie une existence discrète et solitaire. On voit que Georges Sorel a peu subi l'influence des villes. S'il a fréquenté quelques cénacles parisiens, il ne s'est point laissé gagner par l'indulgence et le scepticisme qui souvent s'y donnent libre cours et il a conservé, durant toute sa vie, une extrême austérité morale.

Par son moralisme s'expliquent la plupart des sympathies et des antipathies de Georges Sorel. S'il vénère Proudhon, s'il aime Fernand Pelloutier

---

(1) « J.-J. Rousseau », *Mouvement socialiste,* 2ᵉ série, t VIII, pp. 507 et suiv.

ou Lucien Jean (1), s'il parle avec estime de Paul Bureau ou de M. P. de Rousiers (2) c'est qu'il sent en ces hommes, quelques divergences qui le séparent d'eux par ailleurs, de fortes préoccupations morales voisines des siennes. S'il flétrit de ses sarcasmes maints hommes politiques, c'est qu'il voit en eux des praticiens ou des théoriciens de la vie facile (3). S'il prend tant de plaisir à déboulonner de son piédestal le xviii° siècle (4), c'est parce que celui-ci le choque par ses habitudes de morale relâchée et que les théories de ses philo-

______

(1) *Matériaux*, pp. 287 et suiv.

(2) *Réflexions*, p. 270. *Matériaux*, p. 298 en note.

(3) Cf. par exemple son jugement sur FOURNIÈRE, *Matériaux*, pp. 198-200; sur TUROT, *Réflexions*, p. 76; sur FOURIER, *Matériaux*, pp. 196-197; sur ANATOLE FRANCE, rapporté par Jean Variot. Un de ses premiers livres, le *Procès de Socrate*, est très significatif à cet égard. Sorel approuve la condamnation de Socrate, celui-ci ayant, par son rationalisme, ébranlé les vieilles traditions héroïques de la Grèce. La Préface se termine par ces mots : « Nous serions heureux si nous parvenions... à convaincre quelques personnes des dangers que court notre civilisation par suite de l'indifférence en matière de morale et de droit. » Cf. GILBERT MAIRE, *op. cit.*, p. 59; CHEYDLEUR, *Essai sur l'évolution des doctrines de M. Georges Sorel*, thèse lettres, Grenoble, 1914.

(4) Sa conception du xviii° siècle a d'ailleurs été l'objet d'une très vigoureuse critique de la part de M. Paul Souday, article du *Temps*, numéro du 7 septembre 1922.

sophes lui semblent construites pour tenter de justifier une société qui veut « s'amuser sans souci des conséquences » et qui a perdu, en se déchristianisant, la terreur du péché et le respect de la chasteté (1).

Quant au monde d'aujourd'hui, on devine qu'il donne aussi à G. Sorel des sujets de mécontentement. La « crise morale des temps nouveaux », comme dit P. Bureau (2), le préoccupe et l'inquiète. A vrai dire, elle ne le surprend pas, car Sorel a la conviction profonde de la faiblesse naturelle de l'homme. Sa philosophie est pessimiste, et peut-être ce pessimisme est-il un résidu de l'éducation chrétienne qu'il avait reçue dans son enfance. Notre nature, livrée à elle-même, cherche toujours, dit-il dans une formule expressive, à « s'échapper vers la décadence » (3). Pourtant il faut de toute nécessité que cette tendance au mal soit contrecarrée. C'est pour la société moderne une question de vie ou de mort. « Si le monde contemporain ne renferme des racines pour une nouvelle morale, que deviendra-t-il ? Les gémissements d'une bourgeoisie pleurnicharde ne le sauveront pas s'il a vraiment perdu ses mœurs

---

(1) *Illusions*, p. 275.

(2) Cf. son compte rendu du livre de P. BUREAU, dans le *Mouvement Socialiste*, 1907, pp. 36 et suiv.

(3) *Matériaux*, p. 138.

pour toujours (1) ». En particulier, si l'on veut porter l'industrie au niveau que la technologie moderne permet d'atteindre, il est nécessaire que le progrès matériel s'accompagne d'un progrès moral. Georges Sorel pose ici le problème à peu près dans les mêmes termes que M. G. de Molinari (2). La crise sociale leur paraît à l'un et à l'autre provenir de ce que l'état moral des individus n'est pas à la hauteur de l'état technique de l'outillage qu'ils mettent en œuvre. Mais, d'accord sur le diagnostic du mal, de Molinari et Sorel ne le sont plus sur sa thérapeutique. De Molinari pense qu'un assouplissement de la religion chrétienne, la rendant compatible avec la science moderne, serait le meilleur remède à la crise morale. Georges Sorel ne partage point cette illusion. Non qu'il soit, à proprement parler, hostile aux croyances religieuses. Sauf dans l'*Essai sur l'Eglise et l'Etat* et dans *la Ruine du monde antique*, où apparaît un anticléricalisme assez accentué, Sorel a généralement parlé avec respect de l'Eglise et — nous y reviendrons plus loin — s'est appliqué à examiner de près, sans parti pris,

---

(1) *Réflexions,* p. 346.

(2) Cf. de G. DE MOLINARI, *Les Problèmes du XIX⁰ siècle,* Paris, Guillaume, 1901. Sur G. DE MOLINARI, cf. G. PIROU, *Les Doctrines économiques en France depuis 1870,* Paris, Colin, 1925, pp. 104 et suiv.

cette « réussite historique » qu'a été le christia-
nisme. Mais ce n'est point de ce côté qu'il cherche
la morale de l'avenir : il lui paraît que l'Eglise a
été elle-même atteinte par la crise, que la morale
catholique est devenue assez plate et ne présente
point le caractère de sublime que l'on est en droit
de demander à une éthique sérieuse. Ainsi, sur la
question sexuelle, il lui semble que l'Eglise est
devenue d'une déplorable indulgence aux mœurs
modernes, ne voyant plus dans le mariage qu'un
accord d'intérêts financiers et mondains, admettant
le divorce sous couleur d'annulation de mariage
quand les conjoints y mettent le prix (1), faiblesse
grave s'il est vrai, comme le pense Sorel, que pour
juger la qualité morale d'une église ou d'une école
c'est à la façon dont elle comprend les rapports
sexuels qu'il faut se reporter (2). La facilité avec
laquelle l'Eglise les traite est donc une grave pré-
somption contre la valeur de sa morale tout
entière. Et si nous poussons plus avant l'analyse,
si nous nous demandons d'où vient cette carence
morale de l'Eglise, nous verrons qu'elle a sa cause
profonde dans l'absence de lien entre la religion
et la production. « Je ne crois pas, écrit Georges
Sorel, dans les *Réflexions sur la violence*, qu'il y

---

(1) *Réflexions*, pp. 315, 362.
(2) *Ruine du Monde antique*, p. 196.

ait des gens moins capables de comprendre l'économie de la production que les prêtres » (1).
Entendez par là que, n'étant pas mêlés à la vie
économique, ils s'imaginent que les choses ne
marchent que « par la grâce, le favoritisme et les
pots-de-vin » (2): ils se représentent la vie économique, non sous la forme sérieuse de relations
entre travailleurs, mais sous celle, plus vague et
plus facile, de rapports de marchandage ou de
charité.

Le sens de cette critique va nous mettre sur la
voie de la solution véritable. Nous arrivons ici au
point central de toute l'œuvre de Sorel où nous
allons voir se rejoindre la philosophie de la technique et le souci de moralité qui nous ont paru
être les deux éléments essentiels de son interprétation de la vie et du monde. Pour que l'individu
résiste aux tendances de sa nature mauvaise, aux
tentations et aux passions, pour qu'il garde et
développe en lui le sentiment de l'honneur et du
devoir, il lui faut pouvoir s'appuyer, et en quelque
sorte s'adosser, sur quelque élément extérieur qui
échappe à l'amollissement général de la vie moderne (3). C'est à la recherche de ce quelque chose

(1) *Réflexions*, p. 313 en note et p. 154.
(2) *Réflexions*, p. 312.
(3) *Matériaux*, pp. 124, 127, 129.

de solide que Sorel va s'employer (1). Plus d'une fois il croira l'avoir découvert. Puis il s'apercevra que cette solidité est peut-être illusoire, qu'il a peut-être fait confiance à un fantôme. Après un moment de découragement, de pessimisme absolu, il repartira à la recherche dans une direction différente avec les mêmes espérances et, au bout du compte, la même déception. En nous attachant maintenant à décrire brièvement la succession de ces enthousiasmes et de ces désillusions, nous allons saisir dans l'œuvre de Sorel la partie changeante et variable. Mais on se rend compte que du moins c'est toujours un même problème que Sorel s'est efforcé de résoudre, et un problème dont les données étaient colorées de teintes originales par les reflets de sa personnalité.

III

C'est du côté du socialisme que Georges Sorel, d'abord, vers 1893, se tourne. Il y est conduit par l'opinion peu flatteuse que la fréquentation de la

---

(1) Parce que nous n'aurons pas l'occasion d'y revenir, signalons ici que cet amour du solide, du résistant, est sans doute ce qui explique ses sympathies pour le monde rural, resté plus traditionaliste et moins atteint par l'esprit moderne. Cf. *Illusions*, pp. 281, 283. *Matériaux*, pp. 227, 237. Pour la même raison Sorel préfère le droit civil au droit commercial, moins strict et moins rigide.

bourgeoisie lui a donnée de cette classe, dont l'ignorance, dit-il, n'a d'égale que la lâcheté. Sa femme, sortie du peuple, lui montre, par contraste, quel réservoir de forces morales le prolétariat renferme. Aussi est-il tout disposé à accueillir favorablement une doctrine qui veut enlever aux bourgeois, pour la donner aux ouvriers, la direction des affaires économiques. Le marxisme devait plus spécialement l'attirer par l'insistance qu'il met à étudier l'infrastructure technique de l'économie, à expliquer les doctrines par les faits, à rechercher sous les théories les rapports de production qu'elles traduisent. Georges Sorel se met donc à étudier de très près les idées de Karl Marx. Il collabore assidûment à deux revues marxistes, à *l'Ere Nouvelle* (1893-94), et ensuite au *Devenir Social* (1895-97). « Je faisais bien, écrira-t-il plus tard, un tiers de la revue en articles et en comptes rendus » (1). Parallèlement à ce travail doctrinal, Sorel participe à l'action socialiste. M. Johannet signale que son nom est le premier sur la liste des intellectuels qui prirent position en faveur de Dreyfus (janvier 1898). Il voit dans « la conduite admirable

---

(1) Note biographique précitée *in* Johannet, *op. cit.*, p. 228. Sorel a publié entre autres articles, dans *le Devenir Social:* les théories de M. Durkheim, 1895, pp. 1 et suiv., 148 et suiv.; la Science de l'éducation, 1896, t. II, pp. 110, 208, 339, 425; Etude sur Vico, 1896, t. II, pp. 785, 906, 1013.

de Jaurès la meilleure preuve qu'il y a une éthique socialiste (1) » et il approuve les ouvriers de se lancer dans l'arène pour soutenir les principes de la vérité, de la justice et de la morale (2). Voici qu'apparaissent les préoccupations morales. Comment Sorel les concilie-t-il avec la philosophie marxiste? C'est que, dès ce moment, son marxisme n'a rien d'étroitement orthodoxe. Il suit Marx — comme il suivra tous ses maîtres — en disciple très libre. Et il est curieux de constater qu'à cette époque Sorel s'applique à atténuer ce que le marxisme présente, à son sens, de trop intransigeant. Dans son « Essai sur l'Eglise et l'Etat », publié en 1901 par la *Revue Socialiste,* Sorel s'élève contre les vues étroites de certains de ses amis qui prétendaient que, Dreyfus étant bourgeois et riche, le principe de la lutte de classe n'était pas en jeu, et que les socialistes n'avaient point à participer à l'Affaire. Sorel leur répond que l'amalgame des classes peut être parfois admis et recommandé, et que l'anticléricalisme

---

(1) Conférence sur l'*Ethique du Socialisme,* p. 161.

(2) « Dans une affaire récente, les camarades d'Alle-
« mane ont presque tous marché avec une ardeur admi-
« rable pour la défense de la Vérité, de la Justice et de
« la Morale; c'est la preuve que dans les groupes prolé-
« taires l'idée éthique n'a point perdu de son importance ».
Ethique du Socialisme, p. 161.

est un moyen très efficace de propagation du socialisme. Dans un autre écrit de la même époque (1), Sorel déclare que le socialisme passe de l'enfance à la maturité quand il se transforme de secte en parti; or, tandis que la secte, croyant posséder la vérité, s'isole et aspire à réformer le monde par la dictature, le parti, devenu une force qui se combine avec d'autres forces, se mêle à la vie générale: ce passage de l'esprit sectaire à la vie politique ne constitue pas un recul, comme le croient les théoriciens trop doctrinaires, mais un progrès: il marque que le socialisme quitte le plan de la spéculation pour celui de la réalité (2).

C'est surtout quand il s'agit de déterminer la nature des relations entre le socialisme et la démocratie que Sorel apporte à la pensée de Marx des corrections qui sont des adoucissements. Tandis que Marx place l'accent sur l'opposition entre ces deux termes, et ne reconnaît à la démocratie qu'une utilité, du point de vue socialiste, celle de mettre en pleine clarté la lutte des classes en la débarrassant des complications qu'entraîne l'enchevêtrement aux conflits économiques des revendications politiques, Sorel déclare que la contra-

---

(1) Préface à la traduction française de N. COLAJANNI, *Le Socialisme*, Paris, Girard, 1900. Cette préface est reproduite dans les *Matériaux*, pp. 175 et suiv.

(2) *Ibid.*, p. 178.

diction entre la démocratie et le socialisme n'est vraie que sur le terrain économique, mais que si l'on considère les éléments spirituels du socialisme, on les trouve en accord avec les fins spirituelles que poursuit la démocratie. Et l'analyse de Sorel aboutit à cette formule par laquelle il définit le socialisme français: c'est, dit-il, « un mouvement ouvrier dans une démocratie » (1).

Sorel ne devait pas tarder à modifier complètement son opinion sur tous ces points. Il y fut amené par le spectacle des événements politiques auxquels il assista et par les méditations doctrinales auxquelles il se livra au cours de ses études marxistes.

A mesure que l'Affaire se déroulait, il voyait le mouvement tomber de la mystique dans la politique. Sorel a décrit en termes indignés la curée qui suivit la victoire du dreyfusisme, curée « à laquelle les socialistes parlementaires ne furent pas les moins cyniques ». L'Affaire aboutissait ainsi à une « complète anarchie morale » et, se rappelant son enthousiasme du début, Sorel fut le premier à le tourner en dérision (2). Il devait tirer de cette déception une conclusion qui dépasse l'affaire particulière qui l'avait causée. Le rappro-

------

(1) *Matériaux*, p. 179.

(2) *La décomposition du marxisme*, Paris, Rivière, 1908; *La révolution dreyfusienne*, Paris, Rivière, 1909.

chement des classes n'avait point donné au socialisme le stimulant et l'essor que Sorel escomptait (1). Loin que la démocratie eût favorisé le socialisme, elle l'avait entraîné sur le terrain de l'opportunisme où il s'était enlisé. Au lieu de préparer la prise du pouvoir par le prolétariat, elle avait permis à M. Millerand d'entrer dans le gouvernement. L'expérience a montré, conclut Sorel, « que la coordination du socialisme et de la démocratie ne permet pas de conserver à l'idéologie révolutionnaire la hauteur qu'elle devrait avoir pour que le prolétariat pût accomplir sa mission historique » (2). Ce n'est pas de ce côté que nous trouverons l'appui solide, le mécanisme résistant sur lequel on pourra construire une société moralement supérieure.

Par ailleurs, à mesure qu'il pénétrait plus profondément la pensée de Marx (3), Sorel prenait conscience des difficultés que son interprétation soulève. En Allemagne, des polémiques retentis-

---

(1) *Matériaux,* pp. 264, 269.

(2) *Ibid.,* p. 263.

(3) Sorel, très justement à mon sens, a toujours considéré que la partie importante de l'œuvre de Karl Marx était non sa théorie de la valeur mais sa philosophie du mouvement historique. Cf. ses articles : Sur la théorie marxiste de la valeur, *Journal des Economistes,* mai 1897, pp. 222 et suiv. La crise du socialisme, *Revue Politique et Parlementaire,* 1898, t. XVIII, pp. 597 et 11. Y a-t-il de l'utopie

santes mettaient aux prises révisionnistes et ortho-
doxes. Sorel voit très bien la faiblesse de position
des uns et des autres. Si l'on suit les révisionnistes, on est amené, de corrections en corrections,
à rejeter peu à peu toute la substance de la pensée
marxiste, et on aboutit à un opportunisme qui n'a
plus rien de vraiment socialiste. Si l'on s'en tient
à l'orthodoxie marxiste, on ressasse comme
paroles d'évangile quelques formules extraites de
l'œuvre du maître et qui ne correspondent plus
aux réalités économiques contemporaines. Est-ce
donc à une conclusion négative que Sorel va abou-
tir ? Il semble qu'en effet, à certains moments de
cette période, Sorel se soit pris à douter de l'avenir
du socialisme. M. Georges Valois rapporte qu'aux
environs de 1900, comme il avait rencontré Georges
Sorel à la Bibliothèque Nationale, et lui avait con-
fié qu'il préparait une étude sur le socialisme,
Sorel lui répondit: « Vous perdez votre temps, le
socialisme est fini » (1). Mais s'il se détache ainsi

dans le marxisme? *Revue de Métaphysique et de Morale,*
1899, pp. 152 et 11. Les polémiques pour l'interprétation
du marxisme, *Revue Internationale de Sociologie,* 1900,
p. 262, etc. Les discussions de la Social-Démocratie en
Allemagne : A propos des écrits de M. Bernstein, *Revue
Politique et Parlementaire,* 1900, t. XXV, pp. 33 et suiv.
Idées socialistes et faits économiques au XIXᵉ siècle, *Revue
Socialiste,* 1902, I, pp. 294 et suiv., 335 et suiv., 519 et suiv.

(1) G. VALOIS, *D'un siècle à un autre,* pp. 135, 136.

des théories socialistes, Sorel continue de s'intéresser au mouvement ouvrier. Entre le socialisme et le prolétariat, qu'il confondait à l'origine, il fait maintenant une distinction qui deviendra de plus en plus nette, et dont il donnera la formule quelques années plus tard, en 1905, lorsqu'il dira que les théories socialistes nées de réflexions bourgeoises, issues d'une société intellectualiste, sont fausses et désuètes, que seul le mouvement ouvrier est réel et fécond (1).

A partir de 1897, Sorel cesse d'écrire dans les revues marxistes et s'adonne à l'étude directe de l'évolution économique et sociale de la seconde moitié du xix⁰ siècle. Cette étude va l'amener à des affirmations théoriques qui marquent la seconde grande étape dans l'évolution de sa pensée — étape à laquelle correspondent ses œuvres les plus retentissantes et les plus originales.

IV

A l'exemple de Marx, c'est en Angleterre que Sorel va observer le mouvement ouvrier. Aidé de l'enquête de M. P. de Rousiers sur le trade-unionisme, il s'initie aux formes que revêtent, en

---

(1) Préface de 1905 à l'édition italienne de l'*Avenir Socialiste*, reproduite dans les *Matériaux*, p. 67.

Angleterre, à l'époque contemporaine, les rapports du capital et du travail. Les réflexions que lui suggère cette étude, Sorel les consigne dans un article que publie l'*Humanité nouvelle*, en 1898, article capital parce que s'y découvrent des horizons nouveaux. La conclusion en est que « tout l'avenir du socialisme réside dans le développement autonome des syndicats ouvriers » (1). Formation spécifiquement prolétarienne, le syndicat est destiné à vider de leur contenu les organismes politiques. Groupant l'élite des travailleurs, stimulant en eux la volonté de solidarité et de dévouement, le syndicat est une des plus fortes institutions pédagogiques qui se puissent concevoir; il peut nous fournir le mécanisme capable de garantir le développement de la morale. Notons au passage cette constante recherche d'une formation résistante qui puisse servir de point d'appui aux individus et de support au progrès moral.

Mais ce n'est là encore qu'une esquisse. Sorel la jugera bientôt si imparfaite qu'il se refusera pendant longtemps, quand son étude publiée en brochure en 1900 sera épuisée, à en donner une nouvelle édition. Si, en effet, Sorel, dès 1897, concevait le syndicat comme un groupement rigoureusement autonome, dressé en adversaire et en héritier pré-

------

(1) *Matériaux*, p. 133.

somptif en face de la bourgeoisie et des pouvoirs publics, il n'envisageait pas que la lutte dût nécessairement et uniquement prendre un caractère révolutionnaire. S'inspirant de la théorie et de la pratique trade-unioniste, il admettait que la législation sociale, la mutualité, la coopération pussent être, à côté du syndicalisme et en liaison avec lui, des instruments de l'émancipation des travailleurs. Sa pensée va se modifier et se faire plus rigide à mesure que, détournant ses yeux de l'exemple anglais, il s'intéressera au mouvement ouvrier français. Ici doit être cité le nom d'un homme qui a exercé sur Sorel une influence décisive: Fernand Pelloutier (1). Convaincu comme Sorel que l'avenir du prolétariat dépendait des progrès de son éducation morale, Pelloutier s'était fait l'apôtre du syndicalisme révolutionnaire. Il avait activement participé à la création des bourses du travail, et s'il ne vit pas leur fusion avec la C. G. T., étant mort en 1901, à l'âge de 34 ans, on peut dire qu'elle était l'aboutissant de son action. Georges Sorel suit donc, avec une passion

------

(1) *Décomposition du marxisme*, pp. 57 et suiv., *Matériaux*, pp. 63-64, en note. Cf. ce que dit de F. Pelloutier, M. A. DE MONZIE, dans *l'Entrée au Forum*, pp. 149 et suiv. Sur les rapports entre F. Pelloutier et G. Sorel, cf. le livre de MAURICE PELLOUTIER, *F. Pelloutier, Sa vie, Son œuvre.* Paris, Schleicher, 1911, pp. 118-119.

et une confiance grandissantes, le développement
du syndicalisme ouvrier en France. Il le voit se
détacher de plus en plus de toutes les nuances du
socialisme politique et prendre à l'égard de l'Etat
et de la bourgeoisie une attitude d'intransigeance
radicale. Il lui semble que les militants ouvriers,
d'eux-mêmes, par leur sûr instinct de travailleurs,
ont su trouver pour le syndicalisme la voie la
meilleure et la méthode la plus efficace, ce qui
confirme l'opinion qu'il exprimait déjà dans
l'*Avenir socialiste des syndicats*, à savoir que « les
purs syndicaux ont plus à nous apprendre qu'ils
n'ont à apprendre de nous ». Et à partir de ce
moment, Sorel va se borner — ou du moins va
croire qu'il se borne — à extraire et à formuler la
philosophie du mouvement ouvrier. Les *Enseignements sociaux de l'économie moderne*, écrits en
1903 et publiés en 1906, les articles qu'il donne en
1906 au *Mouvement socialiste* (1) et qui, remaniés

---

(1) Sorel avait contribué à fonder, en 1899, le *Mouvement
Socialiste*, et y avait publié, à cette époque, une étude sur
la morale et le socialisme. N'approuvant pas l'orientation
donnée à cette revue par son directeur, M. H. Lagardelle, il
s'abstint d'y écrire ensuite et ne reprit sa collaboration
qu'en 1906, pour l'arrêter à nouveau, cette fois d'une manière définitive, en 1908. Voici les titres des principaux articles que Sorel, en outre des « Réflexions sur la violence », donna au *Mouvement Socialiste*, de 1906 à 1908,
dans la 2ᵉ série : « Conclusion aux enseignements sociaux

et complétés, forment en 1908 le livre *Réflexions sur la violence,* dégagent et affirment avec une netteté croissante les grandes lignes de cette philosophie. Comme c'est la partie de l'œuvre de Sorel la plus connue, nous n'y insisterons pas longuement et nous nous bornerons à montrer comment cette phase de la pensée de Georges Sorel se situe dans l'évolution générale de ses idées dont elle n'est qu'un moment.

Le but poursuivi, c'est toujours le progrès de la moralité individuelle et sociale. La classe sur qui Sorel compte, c'est encore la classe ouvrière, mais cette fois sous une condition : qu'elle cultive en elle, comme le mouvement syndicaliste français s'y emploie, l'esprit de lutte et l'ardeur combative. Le ferment de moralité ne réside plus tant dans une classe que dans un état d'esprit; il n'est plus objectif mais subjectif. Les études sur l'histoire de l'Eglise, que Sorel avait commencées déjà

------

de l'économie moderne », t. III, p. 289; « le syndicalisme révolutionnaire », t. IV, p. 265; « les droits acquis de Lassalle », t. V, p. 476; « le caractère religieux du socialisme », t. VII, p. 282; « J.-J. Rousseau », t. VIII, p. 507; « Le prétendu socialisme juridique, t. VIII, p. 321; « les cahiers de jeunesse de Renan », t. VIII, p. 456; « grandeur et déoadence de Rome », t. VI, p. 244, t. VIII, p. 671, et 3ᵉ série, t. III, p. 36. Dans la 3ᵉ série : « la crise morale et religieuse », t. I, p. 13; « l'évolution créatrice », t. I, p. 257, t. II, pp. 34, 184, 276.

antérieurement et qu'il poursuit en ces années où s'élabore sa doctrine syndicaliste (1), lui apportent à cet égard de précieux enseignements qu'il utilise dans les *Réflexions sur la violence*. Il lui semble que si l'Eglise a triomphé des obstacles et des ennemis qu'elle a rencontrés devant elle, elle le doit aux luttes mêmes qu'elle a dû soutenir. Ce sont les moines qui l'ont sauvée, par l'âpreté qu'ils ont mise à se séparer du monde et par l'austérité de leur règle de vie. Ce sont les Papes (2) et les prêtres qui ont failli la perdre, par les alliances qu'ils ont conclues avec les princes et les puissances temporelles. Et les dernières lignes d'un petit livre publié en 1908, *la Décomposition du marxisme*, tirent la leçon de cette expérience historique, comparant aux moines les syndicats révolutionnaires qui sauveront le socialisme, assimilant au relâchement des règles monastiques les

---

(1) Le *Système historique de Renan*, Paris, Jacques, est de cette époque (1905-1906).

(2) Mais quand il se trouvera un pape intransigeant, refusant de se prêter à un compromis avec les temps modernes et l'esprit moderniste, Sorel l'en félicitera. Cf. ses articles sur la crise de la pensée catholique : *Revue de Métaphysique et de morale*, 1902 et sur la religion d'aujourd'hui : *Revue de Métaphysique et de morale*, 1909. On les rapprochera utilement de son étude très sévère sur « Léon XIII », parue dans le volume *Etudes Socialistes*, G. Jacques, éditeur, 1903, pp. 257 et suiv; 353 et suiv.

déviations vers le réformisme et le trade-unionisme (1).

Ce point de départ une fois admis, tout un pro-
gramme en découle, dont l'essentiel est l'apologie
de la violence. C'est sous ce titre que Georges
Sorel, dans le *Matin* du 18 mai 1908, résume pour
le grand public ses *Réflexions sur la violence.*
« Aujourd'hui, je n'hésite pas, écrit Sorel, à
déclarer que le socialisme ne saurait subsister
sans une apologie de la violence. » Le moyen
d'entretenir et de concrétiser ces sentiments de
violence, ce sera la propagande en faveur de la
grève générale. Tenu en éveil et en haleine par la
perspective de l'arrêt collectif du travail, et de la
catastrophe économique qu'il déclancherait, le
militant syndicaliste sentira s'éveiller au fond de
son âme « un sentiment du sublime en rapport
avec les conditions d'une lutte gigantesque » (2);
il aura « le sentiment très net de la gloire qui doit
s'attacher à son rôle historique et de l'héroïsme
de son attitude militante » (3); il aspirera à
l'épreuve décisive « dans laquelle il donnera toute
la mesure de sa valeur » (4). Bref, il prendra l'état

-----

(1) *Décomposition,* p. 64. G. Sorel a été le Tertullien du
socialisme, écrira après sa mort M. Ed. Berth, dans *Clarté,*
n° du 15 septembre 1922, p. 496.
(2) *Réflexions,* p. 249.
(3) *Ibid.,* p. 249.
(4) *Ibid.,* p. 249.

d'âme d'un guerrier, et, comme les soldats qui participèrent aux luttes héroïques de l'ancienne Grèce ou de la Révolution française, il apportera, dans l'attaque contre la bourgeoisie et l'État, l'ardeur, le désintéressement, l'héroïsme qui assureront le succès. Bien plus, ainsi entraînés et portés par la lutte à un degré très élevé de moralité, les travailleurs se trouveront posséder les qualités nécessaires au fonctionnement du régime économique nouveau que Sorel évoque par l'image de l'atelier libre, où les ouvriers associés, volontairement soumis à une discipline joyeusement consentie, organiseront sans patrons et sans contrainte la production (1).

Ce n'est pas le lieu ici de rechercher ce qu'il peut y avoir de bien-fondé dans cette thèse, plus brillante peut-être que solide. Mais si nous voulons éviter de lui adresser des critiques inopérantes, comprenons-en bien le sens et rendons-nous compte que ce n'est pas sur un plan économique et matériel, mais sur un plan psychologique et spirituel, qu'elle se tient.

Lorsqu'il exalte les producteurs, Georges Sorel — comme après lui son fidèle disciple, M. Edouard Berth (2) — donne au terme de producteur un

---

(1) *Réflexions*, pp. 377 et suiv.

(2) Cf. de M. Ed. BERTH l'étude : « Marchands, intellectuels et politiciens », parue au *Mouvement Socialiste*, 3ᵉ sé-

sens limité et rétréci: il refuse la qualification de producteur à tous ceux qui ne participent pas directement ou indirectement à la vie de l'atelier. C'est là assurément une notion de la production que bien peu d'économistes consentiraient à admettre, car c'est une des conquêtes les plus fécondes de la science économique moderne que l'extension du concept de production à toute création d'utilité ou de valeur, qu'elle se fasse dans l'industrie ou en dehors d'elle, qu'elle s'accompagne d'actes matériels et aboutisse à un produit matériel ou qu'elle se traduise par des créations ou des échanges de services. Mais Sorel aurait sans doute répondu qu'il ne se souciait nullement de nous donner une définition scientifiquement correcte et qu'il lui suffît que la catégorie sur laquelle il fonde son analyse corresponde à une réalité de l'ordre psychologique et moral (1). En somme il réserve le terme de producteur aux travailleurs manuels de la grande industrie parce qu'il lui apparaît que ceux-ci trouvent dans leurs conditions de vie un aliment quotidien aux sentiments de lutte et à la volonté de scission, et qu'ils atteignent, grâce à l'état d'esprit révolutionnaire,

---

rie, t. I, pp. 302 et suiv.; 384 et suiv., t. II, pp. 202 et suiv., et reproduite dans le volume *les Méfaits des Intellectuels,* Paris, Rivière, 1914.

   (1) *Matériaux,* pp. 170, 173.

une hauteur morale à laquelle le marchand, orienté vers les tractations et les transactions, ne saurait s'élever.

De même, Georges Sorel donne à la notion de violence un contenu idéologique bien plus que réaliste. La violence n'est point la force, puisqu'elle exprime la révolte alors que la force traduit la contrainte (1). Et la violence ne s'accompagne pas nécessairement de brutalité — encore qu'il soit bon de rosser effectivement l'adversaire, mais par manière de symbole et sans y mettre aucune haine.

Et c'est aussi parce que le résultat à atteindre est d'ordre spirituel et psychologique que Sorel, faisant ici un usage ingénieux des théories de M. Bergson, qualifie de mythe la notion de grève générale (2). Mythe et non utopie, cela signifie que ce qui importe en elle, ce n'est point qu'elle donne une image exacte du futur, ni qu'elle permette d'obtenir des résultats effectifs, c'est qu'elle soit, pour le prolétariat, l'image motrice qui lui fera embrasser d'un coup d'œil l'œuvre à accomplir et qui suscitera en lui la volonté de l'accomplir.

------

(1) *Réflexions*, pp. 256 et suiv.

(2) *Réflexions*, pp. 167 et suiv. Sur la notion sorellienne du mythe social, outre G. GUY-GRAND, *La Philosophie syndicaliste*, Paris, Grasset, 1911, cf. l'étude de M. HENRI MASSIS, dans le *Mercure de France*, 16 février 1910.

La violence, la grève, l'intransigeance révolutionnaire méritent donc d'être cultivées en tant qu'agents et instruments du progrès moral. A l'inverse, c'est parce qu'ils détruisent la valeur morale du prolétariat, en l'engageant sur le terrain des compromis et des compromissions, que le réformisme, le solidarisme, le catholicisme social (1), la démocratie doivent être sans relâche combattus. De tous ces ennemis de la moralité ouvrière, telle que Sorel la comprend, la démocratie est celui sur qui se concentre son réquisitoire. Le temps est loin où il la défendait contre Karl Marx. Sorel désormais lui nie toute vertu, même celle, négative, que Marx lui reconnaissait, de créer un milieu où les conflits économiques peuvent se dérouler à l'état pur. Cela serait vrai peut-être, répond Sorel, de la démocratie théorique mais ne l'est point de la démocratie réelle, où se développent les intrigues des politiciens et des ploutocrates qui réussissent à obscurcir, plus que sous tout autre régime, la netteté de la lutte des classes. Et, dans son évolution ultérieure, Sorel, sur bien des points, modifiera ses jugements. Son anti-démocratisme demeurera toujours aussi ferme, aussi résolu; il est le pivot immuable autour duquel sa doctrine désormais tournera (2).

---

(1) *Réflexions*, pp. 310, 312.
(2) *Matériaux*, pp. 268, 269; *Illusions*, p. 272.

V

Georges Sorel avait pu croire de très bonne foi que ses subtiles variations sur le thème de la violence traduisaient en théories les aspirations et la pensée des militants ouvriers. Il y avait en réalité un abîme entre eux et lui. Tandis que Sorel se préoccupait de culture morale, les militants visaient à des résultats matériels et tangibles. S'ils préconisaient la révolution et la grève générale, c'était avec l'intention de leur donner une réalité effective et d'obtenir par elles une amélioration des conditions de vie des ouvriers bien plus qu'une élévation de leur niveau moral. Anarchistes d'origine pour la plupart, ils se représentaient la société de l'avenir sous une forme très optimiste et rêvaient d'un état social que caractériseraient, dans l'ordre économique, la diminution du travail, l'abondance des richesses, la facilité de consommation et, dans l'ordre moral, la liberté des relations sexuelles et l'affranchissement de la femme. De telles conceptions étaient aux antipodes de celles de Sorel (1) qui, dans la

---

(1) M. Philippe Serre a déclaré tenir d' « un des membres les plus représentatifs de la C. G. T. » que, dans ce milieu, on ne trouverait pas une demi-douzaine de militants ouvriers ayant lu les « *Réflexions sur la Violence* ».

préface aux *Réflexions sur la violence,* s'était fait
le défenseur du pessimisme social, et qui, dans la
préface à l'édition française du livre de Colajanni,
avait écrit : « Nous pouvons affirmer que le
monde ne deviendra plus juste que dans la mesure où il deviendra plus chaste ». Opposés sur la
doctrine, Sorel et les militants ne pouvaient être
d'accord sur la tactique (1). De fait, sur deux
points importants, le contraste était flagrant.
Sorel traitait d'aberration la propagande que les
syndicats menaient en faveur des pratiques néo-
malthusiennes. Et il condamnait sans ambages le
sabotage que beaucoup de syndicalistes approu-

Ph. SERRE, *Les atteintes à la notion traditionnelle de l'Etat,*
thèse, Droit, Paris, 1925. De même M. A. Louzon, bien placé
pour en juger, écrit: « L'influence de Sorel sur la formation et le développement du syndicalisme révolutionnaire
fut nulle », *Vie Ouvrière,* 8 septembre 1922.

(1) Sur les idées des militants syndicalistes : Cf. F. CHAL-
LAYE, *Syndicalisme révolutionnaire et syndicalisme réformiste.* Paris, Alcan, 1908. PATAUD et POUGET, *Comment
nous ferons la Révolution.* Paris, Taillandier, 1909. Les
brochures de P. Delesalle, V. Griffuelhes, V. Méric, Mer-
rheim, Pierrot, Pouget, Yvetot, et surtout les enquêtes du
Mouvement socialiste, sur : 1° la grève générale et le
socialisme (1ʳᵉ série, t. XIII); 2° l'idée de patrie et la
classe ouvrière (2ᵉ série, t. III); 3° la crise syndicaliste
3ᵉ série, tomes V et VI). Cf. également : G. PIROU, *Les
Doctrines économiques en France depuis 1870,* pp. 40 et
suiv.

vaient et recommandaient (1). Par ailleurs, le syndicalisme révolutionnaire, en se développant, devait être amené à perdre de son intransigeance et, pour renforcer sa puissance d'action, à conjuguer ses efforts avec ceux du parti socialiste. Il ne faisait en cela, remarquons-le en passant, qu'obéir à cette loi générale mise en lumière naguère par Sorel lui-même, qui veut que les institutions, quand elles arrivent à leur maturité, abandonnent l'étroitesse sectaire de leurs affirmations premières. Mais Sorel était désormais trop ancré dans son horreur de la démocratie et des partis politiques pour accepter un glissement de ce genre. Et le directeur du *Mouvement socialiste,* M. Hubert Lagardelle, leur ayant paru s'y prêter, Georges Sorel et M. Edouard Berth rompirent en 1908 toutes relations avec lui (2). En 1910, Georges Sorel avouait, dans l'avant-propos des *Confessioni,* que le syndicalisme n'avait pas réalisé ce qu'il attendait de lui, et annonçait que le présent ouvrage où il expliquait comment s'étaient formées ses théories syndicalistes était le dernier qu'il consacrerait à cette question (3).

----

(1) *Matériaux,* p. 70.

(2) Cf. Johannet, *op. cit.,* p. 229.

(3) « Je me sens trop vieux pour attendre des espoirs lointains et j'ai résolu d'employer les années dont je puis encore disposer à approfondir d'autres questions qui inté-

Cependant qu'ainsi s'évanouissait l'affinité qui avait paru un moment exister entre le mouvement ouvrier et la philosophie sorellienne, certains symptômes permettaient de croire que, sur un autre plan, dans un autre milieu social, les idées de Sorel allaient peut-être trouver un écho plus fidèle et de plus grandes chances de réalisation. En 1910, M. Paul Bourget faisait représenter *la Barricade*, qui voulait être une transposition des idées de Sorel à l'usage et pour l'édification de la bourgeoisie. Sorel accueillit cette tentative avec sympathie. Dans une interview que lui prit M. G. de Maizière (1), après avoir dit qu'il n'avait rencontré Bourget qu'une fois dans sa vie, Sorel ajoutait : « Je serais heureux si son grand talent pouvait déterminer la bourgeoisie à se défendre et à abandonner enfin, en face de la courageuse ardeur de l'adversaire, sa coupable et peu glorieuse résignation ». De fait, si nous avons bien pénétré le sens exact de la pensée de Sorel, dans les années où se précise sa philosophie sociale, et

----

ressent vivement la jeunesse française », cité par JOHANNET, *op cit.*, p. 205. De même dans une lettre à son traducteur Lanzillo, parue dans le *Giornale d'Italia*, du 20 novembre 1910, Sorel déclare : « J'entends maintenant me consacrer à ces études étrangères au socialisme et qui m'ont toujours préoccupé », cité par JOHANNET, *op. cit.*, p. 217.

(1) *Gaulois* du 11 janvier 1910.

s'il est vrai que le fondement de sa sympathie pour le syndicalisme résidait moins dans le caractère ouvrier du mouvement que dans son caractère intransigeant, il n'y avait aucune impossibilité à ce que cette sympathie s'étendît ou se transportât du prolétariat à une autre classe, s'il apparaissait que cette autre classe était autant ou mieux que la classe ouvrière, animée de l'ardeur belliqueuse et de la fermeté sur lesquelles Sorel fondait ses espérances de rénovation morale.

Entre temps, un disciple de G. Sorel, M. Georges Valois, qui dès 1904-1905 s'était convaincu que « Sorel avait interprété le mouvement syndical contre les leçons de la réalité » (1), avait entrepris d'extraire du sorellisme, dûment rectifié et complété, une doctrine économique et syndicale réaliste. Cette tentative devait conduire son auteur en 1906 dans les rangs de l'*Action Française,* et il n'est pas sans intérêt de noter que c'est M. Paul Bourget qui, après lecture de l'ouvrage dans lequel M. Georges Valois exposait ses vues (2), lui fit prendre clairement conscience de l'aboutissant de son évolution.

A partir de 1907, un rapprochement se dessine

---

(1) G. VALOIS, *D'un siècle à l'autre,* p. 208.

(2) Cet ouvrage a été publié depuis sous le titre de *l'Homme qui vient.* 1re édition, 1906, édition définitive 1923 (Nouvelle librairie nationale).

entre les antidémocrates de gauche et ceux de droite. L'organe de ce rapprochement fut la *Revue critique des idées et des livres* où M. G. Valois publie en 1907 les résultats de son enquête « La monarchie et la classe ouvrière » et où Georges Sorel et Edouard Berth, après leur départ du *Mouvement Socialiste,* donnent plusieurs articles. En 1910, le rapprochement s'accentue et on ébauche le projet de création en commun d'une revue *la Cité française* dont le comité de direction devait comprendre MM. Georges Sorel, Edouard Berth, Georges Valois et Pierre ,Gilbert. Le texte de la brochure de propagande qui fut lancée à ce moment a été opportunément reproduit par M. Johannet, dans son étude sur l' « Evolution de Georges Sorel » (1). On y retrouve le pessimisme philosophique, le mépris pour la démocratie, l'invocation à Proudhon. Seulement ces thèmes permanents de la pensée de Sorel s'accompagnent cette fois d'une note nationale et traditionaliste qui était absente de ses écrits antérieurs. *La Cité française* ne vit pas le jour (2), mais l'idée première se réalisa partiellement sous la forme de deux revues distinctes où se retrouve

------

(1) *Itinéraires d'intellectuels,* pp. 206, 208.

(2) Sur les raisons de cette non-parution, cf. la lettre précitée de G. Sorel à M. Lanzillo, dans JOHANNET, *op. cit.,* pp. 216, 217.

l'inspiration conjointé du nationalisme et du syn-
dicalisme. Au début de 1911, paraît le premier
numéro de l'*Indépendance*, fondée par Georges
Sorel et M. Jean Variot, avec un comité de direc-
tion qui comprenait MM. Emile Baumann,
Vincent d'Indy, J. Tharaud et René Benjamin.
L'*Indépendance* vécut de 1911 à 1913 (1). Georges
Sorel y donna de très nombreux comptes rendus
bibliographiques et quelques grands articles (2).
En 1912, apparaissent les *Cahiers du Cercle*

----

(1) En 1912, le comité élargi comprend parmi ses membres MM. Maurice Barrès, Paul Bourget, Maurice Donnay,
Elemir Bourges, Henri Clouard, Francis Jammes. En juillet
1913, l'*Indépendance* change complètement de rédaction et
de direction. Elle disparaît peu après.

(2) Voici les titres des principaux de ces articles : « Le
monument de Jules Ferry », t. I, p. 1 ; « L'abandon de la re-
vanche », t. I, p. 71 ; « Lyripipii sorbonici moralisationes »
(à propos d'Agathon : *La nouvelle Sorbonne*), t. I, p. 111 ;
« Responsabilités de 1870 », t. I, p. 155 ; « L'otage, de Paul
Claudel », t. I, p. 391 ; « Sur la magie moderne », t. II, p. 1 ;
« Si les dogmes évoluent » (à propos de Guignebert : *Evolution des dogmes*), t. II, p. 33 ; « Un critique des socio-
logues » (à propos de Simon Deploige : *Le conflit de la
sociologie et de la morale*), t. II, p. 73 ; « A la mémoire de
Cournot », t. II, p. 97 ; « Trois problèmes » (à propos de
Daniel Halévy : *Luttes et Problèmes*), t. II, pp. 221 et 261 ;
« Urbain Gohier », t. II, p. 305 ; « La rivolta ideale » (à propos du livre de Alfredo Oriani publié sous ce titre), t. III,
p. 161 ; « Quelques prétentions juives », t. III, pp. 217, 277,
317 ; « Aux temps dreyfusiens », t. IV, p. 29.

Proudhon qui seront publiés à intervalles irrégu-
liers et en deux séries successives jusqu'en 1914.
Ces cahiers étaient l'organe d'un cercle fondé, en
1911, sous l'inspiration de MM. Georges Valois et
Henri Lagrange et avec le concours de M. Edouard
Berth. Le Cercle Proudhon entendait se placer
sous les auspices de Georges Sorel : « Sans
Georges Sorel, le Cercle Proudhon ne pourrait
exister : il y sera donc toujours honoré et admiré
comme un maître » (1), disait M. Henri Lagrange,
le 27 mai 1912, à la réunion anniversaire de la
fondation du cercle. Et toute cette réunion fut un
hommage chaleureux à la pensée et à l'œuvre du
maître.

A l'origine, en 1912, les fondateurs du Cercle
Proudhon n'avaient mis en commun que leur
haine de la démocratie et gardaient par ailleurs
des vues politiques très diverses. En 1914, ils
étaient d'accord — y compris M. Edouard Berth
— pour demander « le rétablissement de la monarchie héréditaire » (2). Dès 1913 d'ailleurs,
M. Edouard Berth, préparant l'édition en volume
de ses articles du *Mouvement Socialiste,* y ajoutait une préface et des conclusions dans lesquelles
il saluait en Maurras et en Sorel « les deux

---

(1) *Cahiers du Cercle Proudhon,* mai-août 1912, p. 129.
(2) *Cahiers du Cercle Proudhon,* janvier-février 1914,
p. 94.

maîtres de la régénération française et européenne » (1).

Mais rien ne nous autorise à penser que
G. Sorel soit allé sur ce point aussi loin que
M. Edouard Berth. M. Jean Variot nous dit bien,
dans ses précieux Souvenirs, que Sorel « ne
cachait pas ses sympathies pour l'Action Française » (2), et il est vrai qu'il donna au journal
de ce nom un article sur Péguy (3), mais cette collaboration n'eut pas de lendemain, et il convient
de noter que l'*Indépendance* où écrivait Sorel, si
elle eut une teinte nationaliste très nette, ne prit
à aucun moment un caractère monarchiste, et que
les *Cahiers du Cercle Proudhon* qui eurent ce
caractère ne donnèrent aucun article de lui. Nous

------

(1) *Les méfaits des Intellectuels*, p. 264 en note. Cf. cependant les pp. 8-9, où M. Ed. Berth se défend d'être devenu « royaliste ». Mais dans sa réponse à l'enquête de
G. Valois sur la monarchie et la classe ouvrière, Jean Darville (pseudonyme transparent de M. Ed. Berth) demande
que l'on restaure l'Etat « sous la forme héréditaire traditionnelle antiparlementaire et décentralisée que propose
l'*Action Française* » ; *Cahiers du Cercle Proudhon,* janvier-
février 1914, p. 33. Dans l'avant-propos de son ouvrage *Guerre des Etats ou guerre des classes*, M. Ed. Berth
reconnaît qu'avant la guerre, il s'était « très sensiblement
rapproché de l'*Action Française* ».

(2) *Eclair* du 11 septembre 1922.

(3) Numéro du 14 avril 1910.

n'avons donc aucune raison précise de mettre en
doute son affirmation plusieurs fois répétée que
sa prétendue conversion au royalisme n'était
qu'une légende. Au reste, entre l'esprit de l'*Action
Française* et le sien, il y avait bien des points de
friction. A Maurras, Sorel reprochait d'être trop
démocrate (1), reproche qui, à première vue, peut
sembler paradoxal, mais en réalité ce que Sorel
voulait dire, c'est que Maurras, positiviste et intellectualiste, n'avait répudié la démocratie que sous
son aspect politique et non dans son fondement
philosophique. Maurras, de son côté, nous dit un
de ses familiers (2), était « horripilé » par l'obs-
curité et les bizarreries des idées sorelliennes.

Sorel sans doute se rendit assez vite compte
que, du côté de la bourgeoisie et du nationalisme,
il avait moins de chances encore de rencontrer
des adeptes véritables que dans les milieux
ouvriers syndicalistes. M. Johannet nous le
montre, en 1914, isolé et « lassé derechef » (3). Il

---

(1) *Matériaux*, pp. 17, 18 en note.

(2) M. Robert Havard de la Montagne dans l'*Action Française* du 8 septembre 1922 : « Mais que de discussions il
[M. Paul Bourget] eut avec Maurras, toujours horripilé
par Sorel ». Cf. ce que dit M. G. Valois du bellicisme
nietzchéen professé par M. Ed. Berth à cette époque, *Action
Française* du 2 octobre 1922.

(3) JOHANNET, *op. cit.*, p. 229.

prépare alors la publication en volume d'un certain nombre de ses écrits antérieurs. La dédicace de ce volume semble montrer que c'est à nouveau sur le prolétariat que ses sympathies, un moment flottantes, se concentrent (1). Mais il n'espère plus voir se réaliser, de son vivant, l'affranchissement de la classe ouvrière.

La guerre, en bouleversant le monde, va changer les perspectives et bientôt ranimer ses espérances.

VI

La guerre de 1914 plongea Sorel dans un profond découragement (2). Non qu'il fût adversaire, par principe, de la guerre. Il avait écrit en 1906 qu'une grande guerre étrangère — qu'il croyait d'ailleurs peu probable (3) — pourrait avoir comme effet de retremper les énergies et d'amener au pouvoir des hommes ayant la volonté de gouverner. Ayant prêché la lutte entre les classes,

---

(1) « Que mes chers camarades Paul et Léona Delesalle, acceptent l'hommage de ce livre écrit par un vieillard qui s'obstine à demeurer, comme l'avait fait Proudhon, un serviteur désintéressé du prolétariat. »

(2) Cf. l'article d'Ed. Berth sur « G. Sorel », dans *Clarté*, n° du 15 septembre 1922.

(3) *Réflexions*, p. 110; en note de *Insegnamenti sociali*, p. 388.

il était naturel qu'il n'eût pas, à l'égard de la lutte
entre les nations, les mêmes sentiments que les
humanitaires et les pacifistes. Mais en face de la
guerre de 1914, Sorel fut tout de suite en défiance.
Les Alliés se plaçaient sur le terrain des principes démocratiques, et la démocratie, nous le
savons, était devenue sa bête noire : il ne voyait
en elle que le masque hypocrite recouvrant de
laides réalités ploutocratiques. Aussi estima-t-il
que ceux qui luttaient et mouraient pour la cause
de l'Entente étaient dupes d'une illusion et vic-
times de ténébreuses combinaisons bourgeoises et
mercantiles (1).

Sorel reprit espoir quand, en Russie, les Bolcheviks arrivèrent au pouvoir (2). En quelle mesure Lénine et Trotsky étaient-ils nourris de la
pensée de Georges Sorel ? M. Paul Seippel a émis
l'hypothèse que, durant leur séjour en Suisse, ils
avaient dû méditer les *Réflexions sur la violence,*
mais sans apporter de preuve à l'appui de cette
supposition (3). Georges Sorel, tout en déclarant

------

(1) Ed. DARVILLE, « La Révolution en pantoufles », *Clarté,*
n° 6 du 15 novembre 1922, p. 14. Cf. l'avertissement pour
la 3e édition de l'*Introduction à l'Economie moderne,* p. III
et IV.

(2) M. R. Johannet raconte qu'en 1916 Sorel lui dit :
« Le tsar finira sur la potence ».

(3) Dans un article du *Journal de Genève,* n° du 4 février 1918.

qu'il ne serait pas médiocrement fier d'avoir contribué à la formation intellectuelle d'un homme
qui lui semblait être « à la fois le plus grand théoricien que le socialisme ait eu depuis Marx et un
chef d'Etat dont le génie rappelle celui de Pierre
le Grand » (1), avoue qu'il n'a aucune raison de
penser que Lénine ait pris des idées dans ses
livres. Et M. Maletsky rapporte que, dans *le
Matérialisme et l'empiro-criticisme*, Lénine parlant des gens « capables de penser uniquement
l'absurde » classe dans cette catégorie « l'esprit
brouillon bien connu: Georges Sorel » (2). Il est
donc pour le moins douteux que Sorel ait eu une
influence directe sur les chefs du mouvement bolcheviste. Mais il est, par contre, évident qu'il y a
une certaine conformité entre les thèses des
Réflexions sur la violence et les conditions dans
lesquelles s'est faite la révolution russe. Le mouvement bolcheviste s'est placé résolument sur un
terrain antidémocratique. A l'opposé de la Révolution française qui créa le citoyen, l'idéologie bolcheviste met sur le pavois le producteur. Sans
doute, ses chefs sont des intellectuels et non des

-----

(1) Appendice III aux *Réflexions sur la violence*, 4ᵉ édition, p. 442.

(2) MALETSKY, « Georges Sorel », *L'internationale communiste*, n° 24, p. 87.

ouvriers, mais Sorel n'avait-il pas naguère, à propos de Marx et d'Engels, admis que les hommes très supérieurs échappent aux liens de classe et qu'ils peuvent donc, quoique bourgeois, s'élever jusqu'à l'intelligence théorique de l'ensemble du mouvement historique. Sans doute aussi, le mouvement bolcheviste est dans une large mesure conduit par des Israélites et Sorel, à l'époque où il collaborait à l'*Indépendance*, était devenu violemment antisémite. Mais il concilie élégamment antisémitisme et bolchevisme en mettant sur le compte des Juifs ce qu'il y a d'excessif et de condamnable dans les événements russes: c'est ainsi qu'il les rend responsables du caractère terroriste et sanguinaire que la dictature bolcheviste a prise à un certain moment, contre le gré, dit-il, de Lénine. Sorel regrette expressément que l'on ait eu recours à la répression brutale (1) et n'est point en cela en contradiction avec ses *Réflexions sur la violence,* puisque, nous l'avons signalé, c'est une violence psychologique et symbolique qu'il prêchait alors, dégagée autant que possible de toute effusion de sang.

Quoi qu'il en soit, l'affinité entre la révolution russe et les thèses sorelliennes est incontestable. Aussi bien a-t-on vu se fonder en Russie des

---

(1) *Réflexions*, pp. 449, 450 en note.

Cercles et des Clubs Sorel ornés de son buste (1). Et il n'est pas surprenant que Sorel, de son côté, ait salué avec enthousiasme la victoire des bolcheviks. « Il faut être aveugle, écrit-il dans le post-scriptum à l'avant-propos des *Matériaux d'une théorie du prolétariat* pour ne pas voir que la révolution russe est l'aurore d'une ère nouvelle » (2). Toutefois Sorel ne paraît pas avoir eu grande confiance dans la viabilité du régime soviétique. Pessimiste par nature, il craignait fort que l'Entente, grâce aux moyens d'action et de corruption dont elle disposait, ne parvînt à écraser le bolchevisme (3). Mais, moraliste impénitent, en même temps qu'il maudissait la victoire probable de l'argent sur l'idée, il conservait l'espoir que cette victoire « frelatée » serait sans lendemain et, recourant à ces rapprochements historiques qu'il affectionnait, Sorel comparait la lutte entre la Russie et l'Entente aux combats de jadis entre Rome et Carthage : Rome, ici, c'était la Russie apportant au monde une civilisation nouvelle et destinée finalement à triompher (4), ou encore il

------

(1) *Revue Universelle*, 15 septembre 1922, cité par Guy-Grand, article précité de la *Grande Revue*, p. 312 en note.

(2) *Matériaux*, p. 53.

(3) *Réflexions*, 4ᵉ édition, pp. 452, 453; *Illusions du progrès*, 4ᵉ édition, pp. 383-384; *Matériaux*, 2ᵉ édit., pp. 52-53.

(4) *Réflexions*, p. 453.

assimilait les révolutionnaires russes aux premiers chrétiens et pensait que le sang des martyrs
« cette fois encore serait fécond ».

En somme, à la fin de sa vie, Sorel demeure ce
qu'il a toujours été : un pessimiste qui espère. Il
n'ignore pas que le « chemin de la délivrance »
est escarpé et semé de mille embûches : vieillard
qui se sent proche du tombeau, il sait qu'il ne
verra pas cette délivrance. Mais il a confiance
qu'elle se fera un jour et c'est du côté de l'Orient
de l'Europe qu'il croit voir apparaître les premières lueurs de l'aurore. M. Edouard Berth, évo-
quant une entrevue qu'il eut avec Sorel alors que
celui-ci était déjà très affaibli par la maladie,
rapporte qu'il suffisait « de réveiller en lui l'espé-
rance socialiste pour le voir s'animer de nouveau
d'une flamme sans pareille » (1).

VII

Quelques semaines après la mort de Sorel,
Mussolini entrait triomphalement dans Rome et la
dictature fasciste s'établissait en Italie. Avec elle
et par elle on peut dire que la doctrine sorellienne, transposée sur le plan national, devenait

------

(1) Article précité de *Clarté,* p. 495.

une réalité. En un sens, le fascisme a des rapports plus étroits que le bolchevisme avec les idées
de G. Sorel. Le lien direct de filiation, douteux
pour le bolchevisme, est certain pour le fascisme.
Mussolini et Sorel avaient été en relations avant
1914, et il semble que Sorel ait eu une véritable
divination du rôle que Mussolini devait jouer.
M. Jean Variot rapporte en effet que Sorel, un
jour, vers 1912, lui aurait dit : « Notre Mussolini
n'est pas un socialiste ordinaire. Croyez-moi :
vous le verrez peut-être un jour à la tête d'un
bataillon sacré saluer de l'épée la bannière italienne. C'est un Italien du xv° siècle, un condot-
tiere! On ne le sait pas encore, mais c'est le seul
homme énergique capable de redresser les fai-
blesses du gouvernement » (1).

De son côté, Mussolini a reconnu expressément
ce qu'il doit à G. Sorel. A un rédacteur de l'*A. B. C.*
de Madrid qui lui avait posé cette question :
« Laquelle des trois influences de Nietzche, de
Jaurès ou de Sorel, fut la plus décisive sur votre
formation ? » Mussolini répondit : « ... Celle de
Sorel. Pour moi, l'essentiel était : agir. Mais je
répète que c'est à G. Sorel que je dois le plus.
C'est ce maître du syndicalisme qui, par ses rudes
théories sur la tactique révolutionnaire, a contri-

-----

(1) Article de l'*Eclair*, n° du 11 septembre 1922.

bué le plus à former la discipline, l'énergie et la puissance des cohortes fascistes » (1).

Tous les commentateurs autorisés de la doctrine fasciste signalent d'ailleurs qu'elle est pour une part d'inspiration sorellienne : cela est visible dans le mépris qu'elle affiche pour le socialisme politique, dans le dédain qu'elle montre pour le parlementarisme (2), dans l'attention qu'elle

---

(1) Cf. cet extrait d'un discours de Mussolini au Congrès fasciste, le 22 juin 1925 : « Vous savez ce que je pense de la violence. Pour moi, elle est morale, parfaitement morale, plus morale que les compromis et les transactions; mais pour qu'elle ait en soi-même la justification de sa haute moralité, il est nécessaire qu'elle soit toujours guidée par une idée, jamais par un calcul bas ou un intérêt mesquin. » Cité par L. HAUTECOEUR, Le Fascisme, *Année Politique,* octobre-décembre 1925, p. 149.

(2) PIETRO GORGOLINI, *Le Fascisme.* Paris, Nouvelle librairie nationale, 1923, pp. 23-24; CURZIO SUCKERT, *L'Europe vivante, théorie historique du syndicalisme national.* Edition de la Voce, Florence, 1923; BENJAMIN CRÉMIEUX, « Les origines spirituelles du fascisme », *Europe nouvelle,* 29 décembre 1923, pp. 1663-1664. M. B. Crémieux cite cette phrase de C. Suckert : « La nouvelle morale fasciste naît de la morale sorellienne, mais elle s'en détache à temps en transformant le concept de classe sociale en concept de classe nationale et le fondement économique en fondement historique. » Un des plus récents observateurs français du fascisme, Ludovic Naudeau, écrit de même : « Le fascisme est une application, dans un cadre d'intense nationalisme, des *Réflexions sur la Violence.* » (*Illustration,* 3 juillet 1926, p. 2.)

porte au syndicalisme. Ces thèmes, il est vrai, rendent, chez Mussolini, un autre son que chez Sorel, parce qu'il les met au service d'une cause différente. L'idéal poursuivi. ce n'est plus l'affranchissement du prolétariat, c'est la grandeur de la patrie italienne. Et Mussolini rejette comme périmée l'idée de lutte de classes, en même temps qu'il étend le syndicalisme à toutes les catégories sociales. Mais nous savons déjà que Sorel, à un certain moment, n'a pas été très éloigné d'admettre pour sa doctrine une interprétation de cet ordre (1). En tout cas, c'est un fait que beaucoup de ceux qui se disaient ses disciples — et Sorel a toujours été plus lu en Italie qu'en France — ont pu passer sans difficulté du socialisme au fascisme. M. Lanzillo lui-même, traducteur et biographe de Sorel, est devenu un des lieutenants de Mussolini.

VIII

Si nous avons réussi à mettre en lumière ce qui fait l'unité profonde de la pensée de Georges Sorel et ce qui en explique l'évolution tourmentée,

---

(1) D'après M. Jean Variot (article précité de l'*Eclair*), Sorel, en 1911, concevait un syndicalisme qui ne serait pas exclusivement ouvrier et qui mettrait la classe ouvrière à sa vraie place « par rapport aux autres classes qui doivent aussi travailler et se développer ».

nous n'aurons pas de peine à montrer en quoi sont erronées ou incomplètes certaines interprétations qui ont été données de sa doctrine.

Dans une thèse de doctorat, d'ailleurs intéressante, M. Gaston Serbos présente l'œuvre de Georges Sorel comme une application, sur le plan de l'économie politique, de la philosophie bergsonienne et comme une photographie des aspirations ouvrières. Il me semble que sur ces deux points, il y a de sérieuses réserves à faire.

On fausse, me semble-t-il, la pensée de Sorel et on en diminue l'originalité quand on met au premier plan la part de bergsonisme qu'elle comporte. Sans doute, Sorel admirait fort Bergson (1). Il a suivi assidûment ses cours du Collège de France. Les *Réflexions sur la violence* sont pleines de réminiscences bergsoniennes et Bergson a déclaré que Sorel lui paraissait avoir très bien compris ses théories (2). Mais Sorel n'a été en

---

(1) Cf. Bouglé, « Syndicalistes et bergsoniens », *Revue du mois*, avril 1909, pp. 403 et suiv. Guy-Grand, *Philosophie syndicaliste*, p. 37. Sur les rapports entre le sorellisme et le bergsonisme, on consultera utilement l'étude de M. Georges Dumesnil, dans *l'Amitié de France*, février-avril 1912 et la thèse de M. A. Esquerre, *Le Néosyndicalisme et le mythe de la grève générale* (Bordeaux, 1913).

(2) « Georges Sorel est, ce me semble, un esprit trop original et trop indépendant pour s'enrôler sous la bannière de qui que ce soit; ce n'est pas un disciple. Mais il accepte

somme demander à Bergson que des illustrations et des confirmations pour des thèses qui, dès avant 1900, étaient, au moins à l'état latent, dans son esprit. Ce qu'il doit à Bergson, ce sont surtout des images, telles que celle des mythes sociaux, qui ont fait beaucoup pour le succès de ses doctrines, mais qui n'en constituent pas l'essentiel. Si l'on veut indiquer les inspirateurs véritables de Sorel, c'est beaucoup plutôt Proudhon et Marx qu'il faut citer. Et, des deux, il me paraît incontestable que c'est Proudhon qui a été son plus authentique maître (1). Pourtant, Sorel est aux antipodes de certains aspects de la pensée proudhonienne. Il n'a de Proudhon ni la foi rationa-

---

quelques-unes de mes vues, et, quand il me cite, il le fait en homme qui m'a lu attentivement et qui m'a parfaitement compris. » Extrait d'une lettre de M. Bergson à M. Gilbert Maire, reproduit par celui-ci dans son article des *Cahiers du Cercle Proudhon*, p. 65.

(1) En ce sens, CHEYDLEUR, *op. cit.*, pp. 20 et 38. *Contra* MALETZKY, article cité, p. 97, et G. MOREAU, *Le Syndicalisme, les Mouvements politiques et l'Evolution économique*, pp. 72 et suiv. Cf. l'intéressante étude d'Ed. BERTH : « Proudhon et Marx », *Révolution Prolétarienne*, septembre-octobre-novembre 1926. Elle se termine ainsi : « Proudhon est incontestablement... le plus grand révolutionnaire en même temps que le plus grand philosophe que la France ait produit au XIX⁰ siècle. *Contra* M. OLIVIER, « La philosophie de M. Ed. Berth », *Cahiers du Bolchevisme*, 1ᵉʳ août 1925.

liste, ni l'esprit démocratique, ni les tendances
réformistes. Mais cela ne diminue point son
admiration pour Proudhon, parce qu'il estime,
d'accord en cela avec un autre proudhonien,
M. Daniel Halévy (1), que ce sont là des côtés
superficiels de la pensée de Proudhon, et qui ont
tenu de moins en moins de place dans son œuvre
à mesure qu'il conquérait sa pleine originalité
pour devenir le prophète du fédéralisme économique et du socialisme ouvrier. Et surtout, ce qui
chez Proudhon a toujours attiré Sorel, c'est la
place qu'il donne aux préoccupations morales.
Plus on essaie de pénétrer la pensée de Sorel, plus
on se convainc que le moralisme est sans doute
le trait le plus caractéristique de son tempérament
et de son œuvre (2). Et précisément parce que
Sorel a été avant tout un moraliste, il ne me semble
pas non plus exact de croire qu'il a été, comme
peut-être il a cru l'être, l'enregistreur passif des
sentiments ouvriers. Quand M. Georges Valois (3)
nous le donne comme regardant la vie sociale à la
manière dont l'entomologiste Fabre observe les
insectes, M. Edouard Berth répond justement que

---

(1) Cf. *Indépendance,* 15 mars 1913, p. 38, et *Matériaux*
p. **242.**

(2) En ce sens, G. MOREAU, *op. cit.,* p. 83 ; M. ASCOLI,
Georges Sorel, p. 28 ; CHEYDLEUR, *op. cit.,* **p. 154.**

(3) *D'un siècle à l'autre,* p. 136.

Sorel n'avait rien d'un observateur impassible de la mécanique sociale, qu'il était « un passionné et une âme de feu » (1). Ce moraliste passionné a pu commettre bien des erreurs et bien des injustices et ce n'est certes pas à lui qu'il faut demander une appréciation équitable des hommes et des choscs. Mais, qu'il ait eu des éclairs vraiment prophétiques, qu'il ait émis sur les problèmes sociaux de notre temps des vues parfois géniales, qu'il ait discerné avec une étonnante acuité certaines des perspectives qui allaient s'ouvrir, cela me semble suffisamment établi par le fait que les deux mouvements politiques et sociaux les plus importants de ces dernières années, le bolchevisme et le fascisme, peuvent se réclamer de lui. A première vue, la vie de Georges Sorel paraît n'avoir été qu'une succession de recherches infructueuses et de tentatives avortées. Un examen plus approfondi et plus large montre qu'au moment même où ses espérances semblaient démenties par les événements, les idées qu'il avait lancées germaient lentement sous terre (2). Assurément, ces idées, en se

----

(1) Article précité de *Clarté*, p. 495.

(2) Il semble que Sorel s'en soit parfois douté. Cf. ces lignes des *Matériaux* (p. 286) : « De nouvelles séries de hasards ont été peu favorables au progrès des idées que j'ai proposées sur le syndicalisme ; mais j'ai des raisons de croire que les doctrines des *Réflexions sur la violence*

réalisant, sont destinées à perdre la netteté de contour et l'âpreté de forme que Sorel leur avait données. Mais cette âpreté même, signe du feu qui l'animait, garde une valeur symbolique. Elle nous enseigne qu'il n'y a de mouvements sociaux durables que là où il y a un enthousiasme et une flamme. Cette flamme, les notions de patrie et de classe sont-elles en mesure aujourd'hui de l'allumer et de l'entretenir ? si la partie doit finalement se jouer entre elles, laquelle l'emportera? laquelle

---

mûrissent dans l'ombre. » Pour mesurer la profondeur et la diversité de l'influence sorellienne, il suffit de lire trois œuvres parues en 1924 : *Guerre des Etats ou guerre des classes*, d'Ed. Berth ; *Eloge du bourgeois français*, de R. Johannet ; *la Révolution nationale*, de G. Valois. Dans une lettre à R. Johannet, publiée par le *Nouveau Siècle*, n° du 5 février 1926, G. Valois écrit : « C'est certainement le souvenir de nos entretiens avec Sorel qui nous a amenés à écrire, vous, votre *Eloge du bourgeois français* et moi *la Révolution nationale*. » Depuis qu'il s'est séparé de l'*Action Française*, G. Valois insiste, plus volontiers qu'auparavant sur ses attaches sorelliennes. Cf. par exemple cette déclaration : « Je dois ma formation à Barrès, à Bourget, à Sorel, à Proudhon. Ce que je dois à Maurras est insignifiant. » (*Nouveau Siècle*, n° du 15 janvier 1926.) Max Ascoli (ouvrage précité, p. 42) me paraît caractériser assez heureusement le genre d'influence de G. Sorel lorsqu'il écrit qu' « il n'est pas un propagandiste mais un évocateur d'énergie individuelle » et lorsqu'il compare son action, restreinte à un petit nombre de disciples, à celle « d'un fondateur et chef d'ordre monastique ».

fournira le point de cristallisation de l'ordre social de demain ? On demeurera dans la ligne de la pensée de Sorel, ingénieur et moraliste, en répondant que ce sera celle qui se révélera le plus capable, à la fois, d'assurer la satisfaction des besoins matériels et de nourrir l'élan des âmes, et sur qui pourra se fonder une société économiquement progressive et moralement rénovée (1).

---

(1) Au moment où nous corrigeons les épreuves, la presse nous apporte deux preuves nouvelles de l'actualité des idées de G. Sorel. M. Pierre Lasserre annonce qu'il a pris G. Sorel comme objet de son cours de 1926-1927 à l'école des Hautes-Etudes (cf. son article dans *l'Avenir*, n° du 15 décembre 1926). M. Paul Bourget, à propos de son roman *Nos actes nous suivent*, invoque « ces deux maîtres si puissants, même dans leurs erreurs, Proudhon et G. Sorel », et, partant des *Réflexions sur la Violence*, déclare qu' « elles expliquent la conception et les formes de la lutte sociale actuelle, l'action comme la réaction, Lénine comme Mussolini » (cf. l'article de M. Albéric Cahuet dans *l'Illustration*, n° du 18 décembre 1926).

BIBLIOGRAPHIE

I. — Ouvrages de Georges Sorel

Contribution à l'étude profane de la Bible, Paris, Ghio, 1889.

Le procès de Socrate, Paris, Alcan, 1889.

L'avenir socialiste des syndicats, Paris, Jacques, 1898.

La ruine du monde antique, Paris, Jacques, 1898 (2ᵉ édition, Rivière, 1925).

Essai sur l'Eglise et l'Etat, Paris, Jacques, 1902.

Saggi di critica del marxismo, Palerme, Sandron, 1902.

Introduction à l'économie moderne, Paris, Jacques, 1903 (2ᵉ édition, Rivière, 1921).

Insegnamenti sociali della economia contemporanea, Palerme, Sandron, 1906.

Le système historique de Renan, Paris, Jacques, 1906.

Réflexions sur la violence, Paris, Editions de Pages libres, 1908 (2ᵉ édition, Rivière, 1910; 3ᵉ édition, 1912; 4ᵉ édition, 1920, avec un plaidoyer pour Lénine; 5ᵉ édition, 1922).

Les illusions du progrès, Paris, Rivière, 1908 (2ᵉ édition, 1911; 3ᵉ édition, 1922).

La décomposition du marxisme, Paris, Rivière, 1908.

La révolution dreyfusienne, Paris, Rivière, 1909.

Le confessioni (come divenni syndacalista), Rome, Libreria editrice di Divenire Sociale, 1910.

Matériaux pour une théorie du prolétariat, Paris, Rivière, 1919 (2ᵉ édition, 1921, suvie d'Exégèses proudhoniennes).

Le pragmatisme, Paris, Rivière, 1921.

II. — Ouvrages préfacés par Georges Sorel

LABRIOLA (Ant.): *Essais sur la conception matérialiste de l'histoire*, Giard et Brière, 1897.

MERLINO (S.): *Formes et essences du socialisme*, Paris, Giard et Brière, 1897.

COLAJANNI (N.): *Le socialisme*, Paris, Giard et Brière, 1900.

PELLOUTIER (F.): *Histoire des bourses de travail*, Paris, Scleicher, 1902.

GATTI (G.): *Le socialisme et l'agriculture*, Paris, Giard et Brière, 1902.

LABRIOLA (Arturo): *Karl Marx*, Paris, Rivière, 1910.

GRIFFUELHES (V.): *Les objectifs de nos luttes de classes*, Paris, La publication sociale, 1910.

SELIGMAN (E.-R.-A.): *L'interprétation économique de l'histoire*, Paris, Rivière, 1911.

BERTH (Edouard): *Les méfaits des intellectuels*, Paris, Rivière, 1914.

III. — Etudes critiques sur Georges Sorel

AQUILANTI (F.) : *Giorgio Sorel*, Rome, Artigianelli, 1916.

ASCOLI (Max) : *Georges Sorel*, Paris, Delesalle, 1921.

BERTH (Ed.): « Georges Sorel », *Clarté*, 15 septembre 1922.

— *Guerre des Etats ou guerre des classes*, Paris, Rivière, 1924.

— *La fin d'une culture*, Paris, Rivière, 1927.

BONTÉ (Paul): « Les sympathies catholiques de Georges Sorel », *Revue des Jeunes*, 10 février 1920.

BOUGLÉ (C.) : *Syndicalisme et Démocratie*, Paris, Rieder, 1908.

BOURDEAU (J.) : « Georges Sorel », *Journal des Débats*, 15 septembre 1922.

BURÉ (Emile): « Péguy et Sorel », *Eclair*, 7 septembre 1922.

CAZALIS (E.): *Syndicalisme ouvrier et évolution sociale*, Paris, Rivière, 1925.

CHALLAYE (F.) : *Syndicalisme révolutionnaire et Syndicalisme réformiste*, Paris, Alcan, 1909.

CHEYDLEUR (F.-D.) : *Essai sur l'évolution des doctrines de M. Georges Sorel*, Thèse Lettres, Grenoble, 1914.

DUMESNIL (G.) : « Les Réflexions sur la Violence » de G. Sorel, *l'Amitié de France*, février-avril 1912.

ESQUERRÉ (A.) : *Le néosyndicalisme et le mythe de la grève générale*. Thèse, Bordeaux, 1913.

GUY-GRAND (Georges): *La philosophie syndicaliste*, Paris, Bernard Grasset, 1911.

— « Georges Sorel et les problèmes contemporains », *Grande Revue*, décembre 1922.

JOHANNET (René): *Itinéraires d'intellectuels*, Paris, Nouvelle librairie nationale, 1921.

JOHANNET (René) : *Eloge au bourgeois français* (XI, *adieu à Georges Sorel*), Paris, Grasset, 1924.

LAGRANGE (Henri): « L'Œuvre de Sorel et le Cercle Proudhon, Précisions et prévisions », *Cahiers du Cercle Proudhon*, mai-août, 1912.

LANZILLO (Ag.): *Giorgio Sorel*, Roma, Libreria Editrice Romana, 1910.

LECACHE (Bernard): « Chez Georges Sorel », *Humanité*, 9 mars 1922.

LOUZON (Robert): « Georges Sorel », *Vie ouvrière*, 8 septembre 1922.

MAIRE (Gilbert): « La philosophie de Georges Sorel », *Cahiers du Cercle Proudhon*, mars-avril 1912.

MAIZIÈRES (G. de): « Chez Monsieur Georges Sorel », *le Gaulois*, 11 janvier 1910.

MALETSKY (A.): « Georges Sorel », *l'Internationale communiste*, mars 1923.

MARANS (René DE): « Grandes rectifications sorelliennes », *Cahiers du Cercle Proudhon*, mai-août 1912.

MASSIS (H.) : « Les idées sociales de Georges Sorel », *Mercure de France*, 16 février 1910.

MICHAEL (G.) : « Révolutionnaires français », *Clarté*, 1er novembre 1924.

— « Qu'est-ce que fut le sorélisme », *Clarté*, 1er janvier 1925.

— « Sorélisme ou léninisme », *Clarté*, 1er mars 1925.

— *Les doctrines économiques en France depuis 1870*, Paris, Colin, 1925.

MOREAU (G.): *Le syndicalisme, les mouvements politiques et l'évolution économique*, Paris, Rivière, 1925.

MORLAND (J.): « Les idées de Monsieur Georges Sorel », *Opinion*, 15 janvier 1910.

NARSY (R.) : « Georges Sorel », *Journal des Débats*, 1er septembre 1922.

PASSAGE (H. DU): « Georges Sorel, Edouard Berth et les antidémocrates de gauche », *Etudes*, janvier-mars 1913.

PERRIN (P.) : *Les idées sociales de G. Sorel*, Thèse, Droit, Alger, 1925.

PIROU (Gaëtan): *Proudhonisme et syndicalisme révolutionnaire*, Paris, Rousseau, 1910.

— « A propos du syndicalisme révolutionnaire, Théoriciens et militants », *Revue politique et parlementaire*, octobre 1911.

— *Les Doctrines économiques en France depuis 1870*, Paris, Colin, 1925.

PREZZOLINI (G.) : *La teoria sindacalista*, Napoli, Perella, 1909.

RACCA (V.) : « Giorgio Sorel e il socialismo », *Riforma Sociale*, 1902.

RALEA (M.) : *L'idée de révolution dans les doctrines socialistes*, Paris, Rivière, 1923.

SALOMÉ (R.): « Le lyrisme de Georges Sorel », *Revue des Jeunes*, février 1923.

SERBOS (Gaston): *Une philosophie de la production: le néo-marxisme syndicaliste*, Paris, Rousseau, 1913.

Sorel (Albert-Emile): « Souvenirs de Georges Sorel »,
Echo de Paris, 8 septembre 1922.

Souday (Paul): « Les livres: Georges Sorel », *le
Temps*, 7 septembre 1922.

Spronck (Maurice): « Un théoricien du syndicalisme, **M.** Georges Sorel », *Correspondant*, 10 janvier 1909.

Valois (Georges): *L'Homme qui vient*, Nouvelle librairie nationale, 1906.

— *La monarchie et la classe ouvrière*, Nouvelle librairie nationale, 1909.

— « Sorel et l'architecture sociale », *Cahiers du
Cercle Proudhon*, mai-août 1912.

— *D'un siècle à l'autre*, Paris, Nouvelle librairie
nationale, 1921.

— « Georges Sorel », *Action Française*, 4 septembre
1922.

— *La révolution nationale*, Nouvelle librairie nationale, 1924.

Variot (Jean): « Quelques souvenirs, « le Père Sorel », *Eclair*, 11 septembre 1922.

XXX : « Georges Sorel », *Revue Universelle*, 15 septembre 1922.

L'Union Typographique, Villeneuve-St-Georges